AF414209

إلى كُلِّ طِفْلٍ أُصيبَ يَوْمًا بِمَرَضٍ... السَّلامَةُ لِقَلْبِكَ، ولا تَسْتَسْلِمْ أَبَدًا!

دار أصالة ش.م.م. – طبعة أولى 2019
ISBN: 978–9953–95–317–5
تلفون: 961 1 833 217+
ص.ب.: 11/3434
www.asalapublishers.com
info@asalapublishers.com

لَنْ أَسْتَسْلِمِ أَبَدًا !

تأليف: د. أنطوان م. الشرتوني
رسوم: لجينة الأصيل

أنا اسْمي «رَشاد»، لَكِنَّ الأصْدِقاءَ جَميعَهُم يُطْلِقونَ عَلَيَّ اسْمَ «القُبْطان»، كَوْني أُحِبُّ الإبْحارَ كَثيرًا.

أعيشُ مَعَ أُمّي وأبي في حَيٍّ مَليءٍ بِالسُّكّان. كَما أذْهَبُ كُلَّ يَوْمٍ إلى المَدْرَسَة، والمَوادُّ الَّتي أُحِبُّها كَثيرًا هِيَ: الرِّياضَة، اللُّغَةُ العَرَبِيَّةُ والحِساب.

ذاتَ يَوْمٍ، في خِلالِ حِصَّةِ الرِّياضَة، شَعَرْتُ بِأَنَّني لَسْتُ عَلى ما يُرام.

«أَلَمْ تُشارِكْ في مُباراةِ كُرَةِ القَدَم؟»، سَأَلَني صَديقي.

«كَلّا!»، أَجَبْتُهُ وانْسَحَبْتُ مِنْ حِصَّةِ الرِّياضَةِ بَعَدَ طَلَبِ الإِذْنِ إلى الأُسْتاذ.

عُدْتُ ذَلِكَ النَّهارِ إلى البَيْت، واسْتَلْقَيْتُ عَلى سَريري، وشَعَرْتُ بِتَعَبٍ كَبيرٍ وبِحَرارَةٍ في جِسْمي كُلِّه.

6

سَأَلَتْني أُمّي إذا كُنْتُ بِخَيْرٍ. في بادِئ الأمْرِ، لَمْ أَكُنْ أُريدُ أنْ تَقْلَقَ عَلَيَّ، فَأنا القُبْطانُ القَوِيّ. ولَكِنْ لاحِقًا، أَصْبَحَ وَجْهي شاحِبًا، وشَهِيَّتي عَلى الطَّعامِ صارَتْ مَعْدومَةً. شَعَرْتُ بِدُوارٍ يَنْتابُني، حَتّى كِدْتُ أَقَعُ أَرْضًا لِمَرّاتٍ عِدَّةٍ. فَهَذا لَيْسَ مُناسِبًا لِقُبْطانٍ أنْ يُصيبَهُ الدُّوارُ بَيْنَما يَقودُ سَفينَتَه.

«سَنَذْهَبُ الآنَ إلى الطَّبيب! ما رَأْيُكَ أَيُّها القُبْطان؟»، قالَ لي أبي. وافَقْتُ، وتَخَيَّلْتُ نَفْسي عَلى سَفينَتي الكَبيرَةِ الزَّرْقاء، ثُمَّ جَعَلْتُها تَرْسو في أَحَدِ المَرافِئِ، ونَزَلْتُ مِنْها وتَوَجَّهْتُ إلى عِيادَةِ الطَّبيبِ الَّتي لا تَبْعُدُ كَثيرًا مِنْ بَيْتِنا.

عِنْدَ وُصولِنا إلى الطَّبيبِ «عُمَر»، وبَعْدَ إِلْقاءِ التَّحِيَّة، عايَنَني الطَّبيبُ ثُمَّ قالَ لي: «يَجِبُ أنْ نُجْرِيَ بَعْضَ الفُحوصاتِ المِخْبَرِيَّةِ لِدَمِكَ أيُّها القُبْطان!».

فابْتَسَمْتُ لَهُ عَلى الرَّغْمِ مِنْ أنَّني لا أُحِبُّ الحُقَنَ كَثيرًا. «طَبْعًا لا أحَدَ يُحِبُّها حَتَّى قُبْطانُ السَّفينَة. ولَكِنَّ الحُقْنَةَ ضَروريَّةٌ لِلفُحوصاتِ في المُخْتَبَر»، قُلْتُ في نَفْسي.

في اليَوْمِ التّالي، لَمْ أَذْهَبْ إلى المَدْرَسَة، بَلْ زُرْتُ المُسْتَشْفى وأَجْرَيْتُ تَحاليلَ مِخْبَرِيَّةً.

وأتَذَكَّرُ ذَلِكَ النَّهارَ، عِنْدَما دَخَلْتُ إلى عِيادَةِ الطَّبيبِ «عُمَر»، وكان بِرِفْقَتي أُمّي وأبي. نَظَرَ إلَيَّ الطَّبيبُ وقال: «أيُّها القُبْطان، سَفينَتُكَ في حاجَةٍ إلى التَّرْميمِ لأنَّها تَعَرَّضَتْ لِهُجومٍ. وأيْضًا أنْتَ، بَعْدَ تَعَرُّضِكَ لِهُجومٍ مِنَ القَراصِنَة، أنْتَ في حاجَةٍ إلى الرّاحَةِ والدَّواء».

«دَوَاء؟!»، سَأَلْتُ الطَّبِيبَ مُتَعَجِّبًا.

«نَعَم، هَذا الدَّوَاءُ سَيُسَاعِدُكَ في صَدِّ أيِّ هُجومٍ مُرْتَقَبٍ مِنَ العَدُوّ».

«مُمْتَازٌ! كُلَّ يَوْمٍ سَأَتَنَاوَلُ دَوَائي في البَيْتِ. ما اسْمُ هَذا الدَّوَاءِ لِشِرَائِهِ مِنَ الصَّيْدَلِيَّةِ؟»، سَأَلْتُ الطَّبِيبَ وأنا أَسْتَعِدُّ لِلنُّهوضِ مِنَ الكُرْسِيِّ، فَتَابَعَ تَفْسِيرَاتِهِ بِكُلِّ هُدوءٍ: «أَيُّها القُبْطان، هَذا الدَّوَاءُ لَهُ مَفْعولٌ سِحْرِيٌّ، يَجِبُ أَنْ تَتَنَاوَلَهُ في المُسْتَشْفى لا في البَيْتِ. لِذا، سَتَتَوَقَّفُ عَنِ الذَّهابِ إلى المَدْرَسَةِ لِفَتْرَةٍ مُعَيَّنَةٍ، وتَزورُ المُسْتَشْفى لِتَلَقِّي العِلاجِ. ونَحْنُ نُسَمّي هَذا الدَّوَاءَ بِالعِلاجِ الكيماويّ».

أَعْتَرِفُ أَنَّني كُنْتُ خائِفًا في بادِئِ الأمْرِ بِسَبَبِ هَذِهِ التَّغَيُّرَاتِ كُلِّها، وأَنّي اشْتَقْتُ كَثيرًا إلى أَصْدِقائي ومَدْرَسَتي.

وهَكَذا، بَدَأْتُ جَلَساتِ العِلاجِ الكيماوِيِّ في المُسْتَشْفى. كانَتْ تُرافِقُني أُمّي ويَلْحَقُ بِنا أبي بَعْدَ انْتِهاءِ دَوامِ عَمَلِه. بَعْدَ جَلَساتٍ عِدَّةٍ، خَسِرْتُ شَعْري! ولَكِنَّني كُنْتُ مُتَأَكِّدًا أنَّهُ سَيَنْمو مِنْ جَديدٍ.

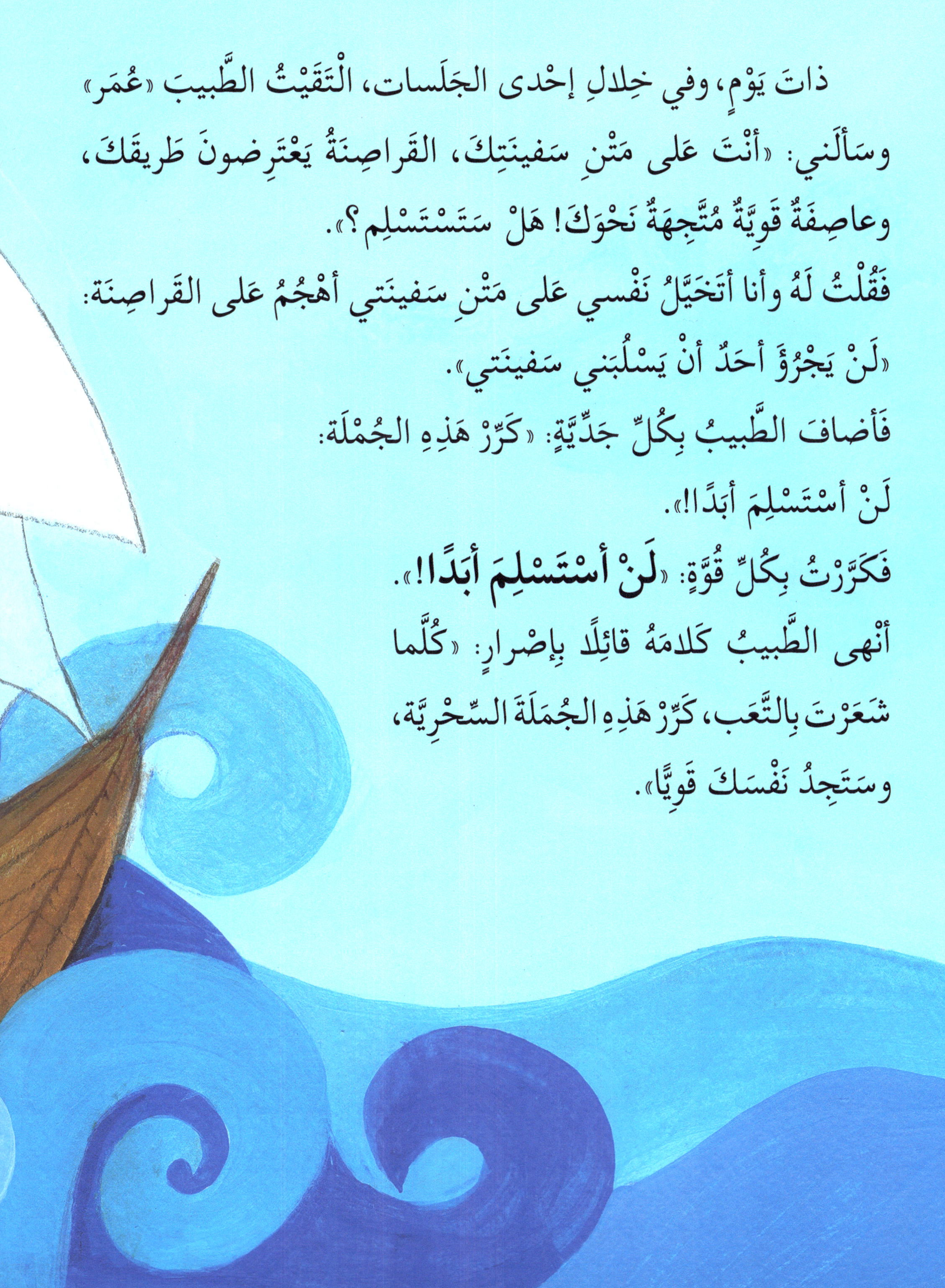

ذاتَ يَوْمٍ، وفي خِلالِ إحْدى الجَلَسات، الْتَقَيْتُ الطَّبيبَ «عُمَر» وسَأَلَني: «أَنْتَ عَلى مَتْنِ سَفينَتِكَ، القَراصِنَةُ يَعْتَرِضونَ طَريقَكَ، وعاصِفَةٌ قَوِيَّةٌ مُتَّجِهَةٌ نَحْوَكَ! هَلْ سَتَسْتَسْلِمُ؟».

فَقُلْتُ لَهُ وأنا أَتَخَيَّلُ نَفْسي عَلى مَتْنِ سَفينَتي أَهْجُمُ عَلى القَراصِنَة: «لَنْ يَجْرُؤَ أَحَدٌ أَنْ يَسْلُبَني سَفينَتي».

فَأَضافَ الطَّبيبُ بِكُلِّ جَدِّيَّةٍ: «كَرِّرْ هَذِهِ الجُمْلَة: لَنْ أَسْتَسْلِمَ أَبَدًا!».

فَكَرَّرْتُ بِكُلِّ قُوَّةٍ: **لَنْ أَسْتَسْلِمَ أَبَدًا!**.

أَنْهى الطَّبيبُ كَلامَهُ قائِلًا بِإصْرارٍ: «كُلَّما شَعَرْتَ بِالتَّعَب، كَرِّرْ هَذِهِ الجُمْلَةَ السِّحْرِيَّة، وسَتَجِدُ نَفْسَكَ قَوِيًّا».

كانَتْ أَيَّامي في الْمُسْتَشْفى طَويلَةً وصَعْبَةً. ابْتَعَدْتُ مِنْ أَصْدِقائي، ولَكِنَّني الْتَحَقْتُ بِالصُّفوفِ الدِّراسِيَّةِ الَّتي يُخَصِّصُها الْمُسْتَشْفى لِلأَطْفالِ المَرْضى. تَعَرَّفْتُ إلى كَثيرينَ وأَصْبَحْنا أَصْدِقاء: نَدْرُسُ ونَلْعَبُ ونَخافُ عَلى بَعْضِنا، كَما عَيَّنْتُ بَعْضَهُمْ في طاقَمِ سَفينَتي.

في خِلالِ العِلاجِ الكِيماوِيّ، كانَتْ أُمّي دائِمًا قُرْبي تُسانِدُني، وشَعَرْتُ بِقَلَقِها عَلَيّ. وأبي أَيْضًا كانَ خائِفًا عَلى صِحّتي. لَقَدْ شَعَرْتُ بِذَلِكَ مِنْ خِلالِ نَظَراتِه. وكُنْتُ أَتَخَيَّلُ نَفْسي عَلى مَتْنِ سَفينَتي، أقودُها بِاتِّزانٍ، وكُلَّ مَرَّةٍ تَهُبُّ عاصِفَةٌ وتَتَّجِهُ نَحْوي، أوْ يَظْهَرُ بَعْضُ القَراصِنَةِ الَّذينَ يُريدونَ الاسْتيلاءَ عَلى سَفينَتي، كُنْتُ أَصْرُخُ بِأعْلى صَوْتي، مُمْسِكًا مِقْوَدَ السَّفينَة: «لَنْ أسْتَسْلِمَ أبَدًا!».

كُلَّ يَوْمٍ تَقْريبًا، كُنْتُ أَتَلَقَّى مِنْ أَصْدِقائي رِسالَةً تُعَبِّرُ عَنْ حُبِّهِمْ واشْتِياقِهِمْ إلَيّ. كُنْتُ أَقْرَأُ رَسائِلَهُمْ عِنْدَما يَكونُ البَحْرُ هادِئًا ولا أَمْواجَ عاتِيَةً تَعْتَرِضُ سَفينَتي. هَذِهِ الرَّسائِلُ ساعَدَتْني كَثيرًا في تَخَطّي الأمْواجِ العاتِيَة. ولَنْ أَنْسى أَبَدًا زِيارَةَ رِفاقي في الحَيِّ إلى المُسْتَشْفى، جَلَبوا مَعَهُمْ زِيَّ القَراصِنَة، وتَحَوَّلَتْ غُرْفَتي إلى سَفينَةٍ تَعارَكَ فيها القَراصِنَةُ مَعَ القُبْطانِ وطاقَمِه.

زِيارَةُ الأصْدِقاءِ ومُساندَةُ أُمّي وأبي، وابْتِساماتُ الطَّبيبِ «عُمَر» والمُمَرِّضات، أُمورٌ كانَتْ كَفيلَةً في مُساندَتي ونِسْيانِ وَجَعي وخَوْفي.

لَنْ أُنْكُرَ أَنَّ تِلْكَ الفَتْرَةَ كَانَتْ قَاسِيَةً جِدًّا. ولَكِنِ، بِفَضْلِ عَدَمِ اسْتِسْلامي وتِكْرارِ الجُمْلَةِ العَجيبةِ «لَنْ أَسْتَسْلِمَ أَبَدًا!»، وَصَلْتُ إلى شاطِئ الأمان.

بَعْدَ فَتْرَةٍ وَجيزَةٍ، عُدْتُ إلى المَدْرَسَة. واسْتَرْجَعْتُ صِحَّتي تَدْريجِيًّا. لَمْ أَعُدْ أَشْعُرُ بِالدُّوار، كَما تَضاعَفَتْ شَهِيَّتي إلى الطَّعام، انْخَفَضَتْ حَرارَتي وأصْبَحَتْ مُعْتَدِلَةً، ظَهَرَ شَعْري مِنْ جَديدٍ، كَما أنَّ وَجْهي لَمْ يَعُدْ شاحِبًا، وعُدْتُ إلى مُمارَسَةِ الرِّياضَةِ واللَّعِبِ كَما كُنْتُ. وعُرْبونًا عَنِ امْتِناني لِأصدِقائي، كَتَبْتُ إلَيْهِمْ رِسالَةَ شُكْرٍ، وألْصَقْتُها عَلى بابِ الصَّفّ. وجاء فيها:

إلى أصدِقائي الأعِزّاء،

مَرَرتُ بِعاصِفَةٍ هَوجاء، تَخَطَّيتُ الأمواجَ العالِيَةَ والأمطارَ الغَزيرَةَ لِلوُصولِ إلى شاطِئِ الأمان. لَم أستَسلِم يَوْمًا في المُستَشفى، وعِندَما كُنتُ أشعُرُ بِالتَّعَبِ واليَأسِ والحُزنِ، كُنتُ أُفَكِّرُ بِمُستَقْبَلي وما هُوَ العَمَلُ الَّذي سَأختارُهُ عِندَما أكبر.

إنَّ مُساندَةَ والِدَيَّ لي، ووُجودَ أصدِقائي الجُدُدِ قُربي في المُستَشفى، وصورَةَ وَجهِ كُلِّ واحِدٍ مِنكُم في ذِهني، أُمورٌ كانَت أمَلًا لي كَي لا أستَسلِم.

وإذا واجَهَ أحَدُكُم أيَّ مُشكِلَةٍ، رَدِّدوا دائِمًا في قُلوبِكُم هَذِهِ الجُملَةَ السِّحرِيَّة: «لَن أستَسلِمَ أبَدًا!».

مَعَ حُبّي كُلّه

القُبطانُ «رَشاد»

هَذِهِ هِيَ قِصَّتي مَعَ مَرَضِ السَّرَطان. وبِفَضْلِ إصْراري عَلى الحَياةِ وعَدَمِ الاسْتِسْلام، تَخَطَّيْتُ المَصاعِبَ كافَّةً.

ورُبَّما تَتَساءَلون ما هِيَ المِهْنَةُ الَّتي اخْتَرْتُها؟

حالِيًّا، أنا أعْمَلُ في المُسْتَشْفى الَّذي كُنْتُ فيهِ زائِرًا ذاتَ يَوْمٍ. أعَلِّمُ الأطفالَ الجُمْلَةَ الَّتي تَعَلَّمْتُها مِنَ الطَّبيبِ «عُمَر»: «لَنْ أسْتَسْلِمَ أبَدًا». وعِنْدَما أواجِهُ مُشْكِلَةً ما، القُبْطانُ المَوْجودُ في قَلْبي يَسْتَيْقِظ، نُبْحِرُ مَعًا مِنْ جَديدٍ، نُواجِهُ عاصِفَةً أُخْرى ونُكَرِّرُ الجُمْلَة: «لَنْ أسْتَسْلِمَ أبَدًا!».

أَبَدًا